JN023460

北アメリカ州の国
➡第5巻 36、38ページ

カナダ／ハイチ(P19)／パナマ

アメリカ
➡第2巻

南アメリカ州の国
➡第5巻 37、39〜40ページ

アルゼンチン／チリ
ブラジル／ペルー

オセアニア州の国
➡第5巻 42〜45ページ

オーストラリア／ニュージーランド
ミクロネシア／マーシャル諸島

もっと調べる

世界と日本のつながり

日本と結びつきの強い国ぐに

［監修］**井田仁康**

5

岩崎書店

もっと調べる
世界と日本のつながり❺

日本と結びつきの
強い国ぐに

もくじ

パート 1

世界と日本をくらべよう

パート 2

どんなパートナー？

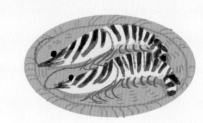

※ 地図は簡略化して掲載しています。島などは一部省略している
ページもあります。
※ 国名、首都名は、日本外務省の表記をもとにし、一般的によく使
う略称でも表記しています（例：中華人民共和国→中国）。
※ 国旗は、原則として国連基準（縦2：横3の比率）のものを掲載し
ています。
※ 国の数は、日本が承認している195ヵ国に日本と北朝鮮を加え
た197ヵ国としています。
※ 主な数値は、日本外務省ホームページ、『世界国勢図会2019/20
年版』（矢野恒太記念会）、『データブック オブ・ザ・ワールド
2019年版』（二宮書店）などを出典としています。
※ とくに記載がないものについては、2019年12月までの情報を
もとに執筆、作成しています。

世界にはどんな国

地球上の陸地は、6つの大陸と小さな島じまからなります。ここでは、6つの州に地域分けして見ていきましょう。

地域区分は6つに分かれる

分ける基準によって、ふくまれる国や地域が変わる。南極大陸はどこの国のものでもないため、地図には入れていない。

ヨーロッパの国ぐに
（ヨーロッパ州）

ユーラシア大陸の一部で、イギリスやフランスなどがあります。古くから政治や経済のしくみが発展していた国が多く、日本とは貿易などで協力し合っています。

→P20へ

アジアの国ぐに
（アジア州）

ユーラシア大陸の一部と周辺の島をふくむ地域で、日本や中国などがあります。仏教やキリスト教などもこの地域で生まれました。日本とは歴史的にも深いつながりがあります。

→P10へ

アフリカの国ぐに
（アフリカ州）

アフリカ大陸にあり、南アフリカやエジプトなどがあります。ほとんどの国が第二次世界大戦後に独立しました。アフリカの政治や経済の発展のために、日本も協力しています。

→P30へ

オセアニアの国ぐに
（オセアニア州）

オーストラリア大陸とニュージーランドなどの島からなる地域です。アジア太平洋地域の国が貿易を中心に経済協力を行う会議（APEC）があり、日本やアメリカも参加しています。

→P42へ

がある？

世界の国の数は？

197ヵ国

国の数え方は国や機関によって異なる。日本の外務省は196ヵ国、文部科学省は未承認の北朝鮮を加えた197ヵ国（2019年現在）。

世界の面積は？

約1億3,000万㎢
（陸地の面積）

日本 約38万㎢（世界の0.29％）

1番大きい国：ロシア 約1,710万㎢
1番小さい国：バチカン 約0.4㎢

世界の人口は？（2018年）

約76億人

日本 約1億2,520万人（世界の1.6％）

1番多い国：中国 約14億人
1番少ない国：バチカン 約800人

日付変更線

世界の国ぐにで日付の不一致がおこらないように、太平洋に設定された想像上の線。

日付変更線を東から西へこえると1日進んで、西から東へこえると1日もどるのね

北アメリカの国ぐに
（北アメリカ州）

北アメリカ大陸にあり、アメリカやカナダなどがあります。移民が多く、さまざまな人種や民族がくらしています。日本とアメリカはとくに強い結びつきがあります。

→ P36へ

赤道

赤道とは緯度0度のことで、赤道より北を北半球、赤道より南を南半球という。

南アメリカの国ぐに
（南アメリカ州）

南アメリカ大陸にあり、ブラジルやアルゼンチンなどがあります。20世紀のはじめ、多くの日本人がブラジルなどの中南米にわたり、現在もその子孫である日系人がくらしています。

→ P37へ

日本は国際社会の一員

世界にはたくさんの国があり、日本もそのなかの1つです。みんなが平和で安全に
くらすためには、国と国が協力し合い、世界の問題を解決していかなければなりません。

国と国が協力し合うことで
世界が成り立っている

現代は、交通や情報通信が発達したおかげで、人やモノ、情報が国境をこえて行き交い、たがいに影響を受けています。世界はつながっていて、1つの国だけでは成り立たないのです。

日本の場合、自分の国ではエネルギーや食料をまかなえないため、それらの多くを外国から輸入しています。一方で、すぐれた工業製品を

つくり、外国に輸出しています。それぞれの国が得意分野をいかし、支え合っていくことが、世界の平和や経済の発展につながります。

外国の料理を味わえたり、さまざまなジャンルの音楽を聞いたりできるのは、文化的なつながりのおかげです。

旅行や留学で世界を移動する人もたくさんいます。こうした「グローバル社会」では、一人ひとりが国際社会の一員であると自覚して、協力していくことがたいせつです。

日本の食料自給率（2018年）

日本は多くの食料を輸入にたよっている。

カロリー
ベース
37%

（資料：「平成30年度食料自給率について」農林水産省）

日本のエネルギー自給率（2017年）

9.6%

日本は多くのエネルギーを輸入にたよっている。

（資料：「日本のエネルギー2018」資源エネルギー庁）

日本からは、自動車や半導体などの電子部品、鉄鋼、原動機などを外国へ輸出しているよ

COLUMN

パスポートはどうして必要なの？

パスポートは、国際的な身分証明書。各国の政府は、国の安全を守るために、どこの国の人が入出国するのかを確認しなければなりません。また、パスポートは海外に行った人が事件に巻きこまれたりしたときに援助を受けられるように、渡航先の政府に依頼する公的文書でもあります。

5年パスポート　　10年パスポート

さまざまな国際交流

国も人も、世界とつながる

日本が発展途上国を支援するのも国際交流の1つ。相手国の自立と発展を助けるだけでなく、それらの国から運ばれた資源に支えられている日本の経済を守れ、日本への信頼を高めることもできます。

地球環境の悪化や貧困、紛争といった問題を解決し、平和な未来をつくるため、さまざまな国際交流が行われています。

Q 外務省はどんなところ？

日本国民の生活と利益を守るために、世界の平和や経済、環境など、世界規模の問題に取り組んでいます。日本の文化を海外に紹介したり、海外に住む日本人を保護する役目もあります。

国だけじゃなく個人個人の交流もあるね

Q 外務省はいつからあるの？

明治時代になってまもない1869年、外国と対話する組織として誕生しました。1905年には、イギリスに初の大使館ができました。

国

ほかの国と対話や交流をすることを外交といいます。外務省や国際協力機構（JICA）などは、政治や経済、環境などの問題に取り組みます。国と国が1対1でかかわることもあれば、国際機関を通じてつながりをもつこともあります。

NGO

民間組織であるNGOでは、とくに貧困や紛争、環境などの問題に取り組んでいます。現地に学校をつくったり、病気を治したり、人びとに寄りそう活動をしています。

企業

企業と企業がつながり、利益をあげたり、社会貢献を行うこともあります。

発展途上国の低所得の人びと（BOP）を雇用して収入の機会をつくるBOPビジネスもあります。

個人

地域に住む外国人と情報交換する、海外留学する、スポーツで国際交流をする、インターネットで海外の友人とつながる、といった個人の草の根運動も立派な国際交流です。

世界中にある日本の窓口？

「大使館」という言葉を聞いたことはありますか？　大使館とは、外国の首都においた日本の役所のようなもので、相手国と日本のかけはしとなる役目をしています。

世界にある
日本の大使館の数
195

じっさいの事務所がある国
151

ほかの国にある
日本大使館がかねている国
44

日本にある
外国の大使館の数
155

日本に大使館がある
155

日本に領事館がある
96

日本にある
国際機関の事務所
39

こんなに多くの
窓口が世界中
にあるのね

（資料：「在外公館リスト」「駐日外国公館リスト」（平成31年1月時点）外務省）

大使館の主な仕事

1 国と国の課題に取り組む

政治や経済の課題に取り組む。相手国の情報を集めて日本の外務省に報告したり、日本の外務省からの指示をもとに相手国と交渉などを行う。

2 日本人を保護・支援する

海外で急病になったり事故や事件にあったりした日本人を支援する。また、テロや災害などの緊急事態がおきたときに現地の日本人を保護する。

3 その国に対して支援を行う

発展途上国にある日本の大使館では、現地の人びとのくらしを安定させるため、井戸をほったり学校などを建てるための支援をしたりしている。

4 交流して日本を知ってもらう

海外の人に日本の文化を紹介するイベントを企画する。また、在外公館に海外の要人を招待する公的な会食では、公邸料理人がうでをふるう。

Q 在外公館ってなに？

国が、外交や自国民の保護などの目的で、外国においた施設を在外公館といいます。主に外交をになう大使館、主要都市にあってその地方にいる日本人の保護や通商問題の処理などを行う総領事館、政府代表部などがあります。

日本が

大使館・領事館を多く設置している国

アメリカ ➡ 15

日本人が多く住むロサンゼルスやニューヨーク、日本人旅行者の多いハワイのホノルルなど、各地に領事館がある。

中国 ➡ 7

大使館は首都・北京にある。在留日本人や旅行者の多い上海、香港、広州、大連などに領事館がある。

ブラジル ➡ 6

首都のブラジリアに大使館がある。サンパウロやリオデジャネイロ、クリチバなどに領事館がある。

 インド ➡ 5

 オーストラリア ➡ 5

 カナダ ➡ 5

 ドイツ ➡ 5

 ロシア ➡ 5

日本人が多く滞在していたり、国土の広い国に、在外公館が多くおかれている傾向がある。

日本に

大使館・領事館を多く設置している国

韓国 ➡ 10

大使館は東京都港区。領事館は札幌、仙台、横浜、新潟、名古屋、大阪、神戸、広島、福岡にある。

中国 ➡ 7

大使館は東京都港区。ほかに札幌、新潟、名古屋、大阪、福岡、長崎に領事館がある。

アメリカ ➡ 6

大使館は東京都港区。ほかに札幌、大阪、那覇に総領事館、名古屋、福岡に領事館がある。

 オーストラリア ➡ 4

 ブラジル ➡ 4

 ロシア ➡ 4

日本に滞在している人が多い国、日本とのつながりがとくに強い国ほど、在外公館の数も多い傾向がある。

こうして並べてみるとおもしろいな

国と国の公館の数をくらべてみよう

国の広さにもよりますが、経済や人の交流がさかんな国に、より多くの在外公館をおくのが一般的。日本が15の在外公館をおいているアメリカは、日本人がもっとも多く在留している国なのです。一方、日本にあるアメリカの在外公館は6です。それぞれの国の在外公館の数をくらべて、その理由を考えてみましょう。

アジア州

世界最大のユーラシア大陸のうち、ヨーロッパ以外の地域（ちいき）を
アジア州といいます。日本も、このアジア州の1つです。

カザフスタン

アゼルバイジャン

ジョージア

ウズベキスタン

タシケント

キルギス

アンカラ

トルクメニスタン

トルコ

アルメニア

タジキスタン

キプロス

シリア

テヘラン

カブール

レバノン

バグダッド

イラン

アフガニスタン

イスラマバード

イスラエル

イラク

ヨルダン

クウェート

パキスタン

ネパー

バーレーン

デリー

カタール

アラブ
首長国連邦（しゅちょうこくれんぽう）

リヤド

インド

サウジアラビア

オマーン

石油輸出国機構（せきゆしゅつこくきこう）
OPEC（オベック）

中東諸国（しょこく）を中心とした産油
国が、石油の生産量や価格（かかく）な
どを調整するための組織（そしき）。
1960年に設立（せつりつ）され、2019
年現在（げんざい）は14ヵ国が加盟（かめい）してい
ます（ページ内の加盟国はオ
レンジ色）。日本の石油輸入（ゆにゅう）
先のほとんどはOPEC（オベック）加盟
国です。

keyword（キーワード）：ツナ缶（かん）

モルディブの特産品はツナ
缶（かん）。日本の支援（しえん）でつくられ
たツナ缶工場もあり、現在（げんざい）
は輸出品（ゆしゅつひん）にもなっている。
東日本大震災（だいしんさい）のときには、
モルディブから日本への支
援の1つとしてツナ缶60
万個以上が提供（ていきょう）された。

イエメン

スリランカ

モルディブ

© Chumash Maxim／Shutterstock.com

国の数 (2019年)	面積	人口 (2018年)
47ヵ国	約**3,103**万km²	約**45億4,513**万人
世界の約**24**%	世界の約**24**%	世界の約**60**%

（資料：『データブック オブ・ザ・ワールド 2019年版』二宮書店）

アジア州と日本のつながり

アジア州は、大きく5つの地域に分けられます。まず日本が位置するのは「東アジア」、赤道をはさむ南国諸国が「東南アジア」です。さらに内陸部の「中央アジア」、インド半島を中心とする「南アジア」、そして中東諸国をさす「西アジア」があります。

日本とアジア州各国とのつながりは古く、多様な文化が日本に伝えられてきました。現在は重要な貿易相手国です。また日本は援助国として、多くの資金や技術援助も行っています。

keyword：2タカ貨幣

バングラデシュの2タカ貨幣。ムジブル・ラーマン初代大統領がえがかれている。日本の造幣局が5億枚を製造した。

モンゴル
ウランバートル

北京
ペキン

北朝鮮
きたちょうせん
ピョンヤン

韓国
かんこく
ソウル

日本
東京
とうきょう

中国

ブータン
ングラデシュ
ミャンマー
ハノイ
ラオス
ベトナム
タイ
バンコク
カンボジア
プノンペン

keyword：バナナ

日本で市販されているバナナは、フルーツ王国・フィリピンからの輸入品が多い。

マニラ
フィリピン

ブルネイ
クアラルンプール
マレーシア
シンガポール
インドネシア
ジャカルタ
東ティモール

東南アジア諸国連合
しょこく

ASEAN
アセアン

地域の平和と経済発展を目的とし、1967年に設立された組織で、2019年現在10ヵ国が加盟（加盟国の国名は青色）。日本は加盟していませんが、毎年の会議に出席し、協力体制をとっています。

ASEANにとって日本は第4位の貿易相手国です。

インド

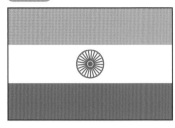

正式名	インド（India）
面積	約329万km²
人口	約13.7億人（2019年）
言語	ヒンディー語など
通貨	ルピー
宗教	ヒンドゥー教、イスラム教など

首都 デリー

東京と
デリーの距離
約5,850km

在留日本人（2017年）
9,197人
在日インド人（2019年）
3万7,933人

カレーの本場！

人口が世界第2位のインドは、1947年にイギリスから独立。近年、IT産業や自動車産業などが急激に発展し、注目されている国の1つです。日本でも親しまれているカレーは、インドが本場。ナンやチャパティをそえて食べます。また、小学校低学年で2ケタのかけ算を暗算するなど、数学のレベルが高いことも有名です。

keyword：仏教

736年にインドの僧が日本へ

仏教はインドの釈迦が開いた宗教で、日本の政治や文化に大きな影響を与えました。752年の東大寺の大仏開眼供養会では、来日していたインドの僧侶・菩提僊那が導師を務めています。

しかし、インドでは仏教は衰退し、多神教のヒンドゥー教が約8割をしめています。

「だるま」も
「世話」も
インドから
伝わった言葉

日本語の「だるま」「世話」「閻魔」などは、古代インドなどのサンスクリット語に由来するとされる。

写真提供：久野真一／JICA

keyword：鉄道

日本の技術をいかした地下鉄

日本は、インドの「デリー地下鉄建設計画」に対し、1995年から資金や技術の支援をしてきました。日本の安全対策も取り入れながら、2011年に全線が開通。毎日約300万人が利用しています。現在も、新たな地下鉄路線や長距離高速鉄道の計画が進行中です。

インドネシア

正式名	インドネシア共和国(Republic of Indonesia)
面積	約191万㎢
人口	約2.7億人(2019年)
言語	インドネシア語
通貨	ルピア
宗教	イスラム教、キリスト教など

首都 ジャカルタ

東京とジャカルタの距離
約5,780km

在留日本人(2017年)
1万9,717人

在日インドネシア人(2019年)
6万1,051人

同じ島国だけど、島の数はケタちがい！

　1万3,000以上もの島からなるインドネシアは、人口が世界第4位の大きな国。最大援助国である日本への信頼は高く、日本製の自動車やバイクが人気です。また、「日・インドネシア経済連携協定」により、インドネシア人の看護師・介護福祉士の受け入れを開始。日本の病院や施設ではたらくため、2,000人以上が来日しています。

　日本は、インドネシアから石炭や液化天然ガスを輸入しており、その輸入額は、日本からの輸出額よりも、ずっと多くなっています。

keyword : 日本語学習者

日本語を学ぶ人が多い

　インドネシアの2018年の日本語学習者は約70万人と、中国についで世界で2番目の多さ。その多くは高校生で、日本のアニメやマンガ、音楽なども人気です。2014年から、事前にIC旅券を登録すれば査証(ビザ)が免除されるようになり、日本へのインドネシア人観光客が急増しています。

ジャカルタ日本祭りは、毎年恒例のイベント。1日のべ約5万人が集う。

© Reza Fhrzl／Shutterstock.com

ウズベキスタン

シルクロードゆかりの地で、日本人観光客も多い。
人口は中央アジア地域で一番多く、3,280万人ほど。

正式名	

ウズベキスタン共和国
(Republic of Uzbekistan)

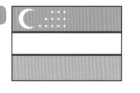

keyword : ナヴォイ・オペラ・バレエ劇場

日本人も建設に参加した

　首都のタシケントにあるナヴォイ劇場の建設には、第二次世界大戦後に抑留されていた日本人も従事しました。1966年の大地震でも崩れることがなかったため、日本人の仕事ぶりが評価され、語り継がれているといいます。

© MehmetO／Shutterstock.com

カンボジア

正式名	カンボジア王国（Kingdom of Cambodia）
面積	約18万km²
人口	約1,649万人（2019年）
言語	カンボジア語
通貨	リエル
宗教	仏教など

首都 プノンペン

東京とプノンペンの距離
約4,410km

在留日本人（2017年）
約3,500人

在日カンボジア人（2019年）
1万3,191人

江戸時代には日本人町があった！

長い内戦を経て民主化への道を歩むカンボジア。日本とのつながりは古く、江戸時代には日本人の移住者たちが日本人町をつくっていました。1992年に世界遺産に登録されたアンコール遺跡は、9～15世紀のインドシナ半島に栄えたアンコール王朝の遺跡群。17世紀ごろに日本人が遺跡に書いた墨書も残っています。

keyword：ODA

橋をかけて、人やモノをつなぐ

ODA（政府開発援助）は、主に開発途上地域の開発を目的とした公的資金のこと。日本がODAでまずはじめたのが、橋づくりです。人やモノの行き来が活発になり、くらしが便利になりました。日本は最大援助国として農業・教育支援、アンコール遺跡の保存修復も行っています。

カンボジアの500リエル紙幣には、ODAで建造された、つばさ橋ときずな橋、日本の国旗がえがかれている。

ジョージア

日本の約5分の1の広さで、人口は390万人ほど。相撲界には、ジョージア出身の力士がいる。

正式名
ジョージア（Georgia）

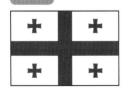

keyword：マツォーニ

健康食として、日本でもブームに！

ジョージア（旧グルジア）は黒海とカスピ海に囲まれたコーカサス地域の国で、長寿国として有名。その理由の1つとされているのがヨーグルトのようなマツォーニです。料理に使ったり、毎朝どんぶり1杯食べたりする人も。
このマツォーニから取りだした乳酸菌を使ったヨーグルトは、健康食として日本でもブームになりました。

タイ

国旗

正式名	タイ王国（Kingdom of Thailand）
面積	約51.3万km²
人口	約6,963万人（2019年）
言語	タイ語
通貨	バーツ
宗教	仏教、イスラム教など

首都 **バンコク**

東京と
バンコクの距離
約4,610km

在留日本人（2017年）
7万2,754人

在日タイ人（2019年）
5万3,713人

仏さまの教えを守る「ほほえみの国」

タイは、世界有数の米の輸出国。よく食べられているのは細長い形の長粒米です。また、国民の多くが熱心な仏教徒で、慈しみの心をたいせつにしています。日本とは王室・皇室関係を基礎に、貿易やビジネスで親密な関係を樹立。

観光地としても人気で、2018年にタイを訪れた日本人は約164万人と過去最高を記録しました。

©タイ国政府観光庁

トゥクトゥクという三輪自動車。
タクシーのひとつ。

keyword：タイ料理

すっぱい？ からい？ 複雑な味

トムヤムクンやココナッツミルクを使ったグリーンカレーが日本でも人気。からみや酸味、甘みが混じり合った複雑な味が特徴です。代表的な調味料は小魚を発酵させてつくる「ナンプラー」で、日本のしょうゆに似ています。フルーツの種類も豊富です。

©タイ国政府観光庁

keyword：タイ米

沖縄の酒にはタイ米を使う？

日本との主な交流は17世紀ごろの朱印船貿易がはじまり。タイからは織物などが、日本からは刀などが輸出され、首都アユタヤには日本人町もできました。また、琉球王国（沖縄）との交易もさかんで、泡盛という酒がタイ米で製造されるのは、その名残とされています。

トルコ

正式名	トルコ共和国（Republic of Turkey）
面積	約78万㎢
人口	約8,343万人（2019年）
言語	トルコ語
通貨	トルコ・リラ
宗教	イスラム教など

首都 **アンカラ**

東京と
アンカラの距離
約8,790km

在留日本人（2017年）
1,791人

在日トルコ人（2019年）
5,222人

アジアとヨーロッパにまたがる親日国

アジアとヨーロッパにまたがり、東西文明の十字路ともいわれるトルコ。トルコ人の肌や目、髪の色はさまざまです。世界有数の農業国で、観光地としても人気。

日本とはアジアの東西両端にありながらも友好関係を築き、2020年に友好130周年をむかえます。

アヤソフィア。世界遺産のイスタンブールの歴史地区にある。

© The Escape of Malee／Shutterstock.com

写真提供：串本町

エルトゥールル号の銅像。トルコから2015年に寄贈された。

keyword：エルトゥールル号

明治時代にあった救助活動

1890年、オスマン帝国の軍艦エルトゥールル号が日本から帰国する際に、和歌山県串本町大島沖の海で沈没。串本町の住民は懸命に救助活動にあたり、69名の生存者を手厚く介護しました。

これとは反対に、イラン・イラク戦争が続いていた1985年に、イランに取り残された日本人215人がトルコ航空機で救出されたこともありました。両国のきずなとして語り継がれています。

keyword：ケバブ

トルコのファーストフード

フランス料理や中国料理とともに、世界の三大料理とされるトルコ料理。

代表的なドネルケバブは、積みかさねた羊肉などを串にさして回転させながら焼いたもの。これを野菜とともにパンにはさんだのが、トルコの屋台の定番です。

© behzad moloud／Shutterstock.com

ベトナム

正式名	ベトナム社会主義共和国（Socialic Republic of Viet Nam）
面積	約33万㎢
人口	約9,646万人（2019年）
言語	ベトナム語
通貨	ドン
宗教	仏教、キリスト教（カトリック）など

首都 ハノイ

東京と
ハノイの距離
約3,680km

在留日本人（2017年）
1万7,266人

在日ベトナム人（2019年）
37万1,755人

めざましく発展するバイク王国

ベトナム戦争を経て、1976年に南北を統一したベトナム。農業中心の国ですが、近年は工業や観光業も急成長しています。人々の生活の足はオートバイで、日本の「ホンダ」のバイクは人気があります。日本への留学生も増えています。

©Pinglabel / Shutterstock.com

世界遺産の港町ホイアンにある「来遠橋（日本橋）」。
1593年当時、住んでいた日本人がかけた。

keyword：えび

食卓のえびはベトナム産？

日本では寿司やてんぷらなどで、えびをよく食べます。ほとんどはアジア諸国からの輸入品ですが、なかでも多いのがベトナム。

メコン川河口の低湿地帯を中心に、えびやナマズなどの養殖がさかん。輸出量も多く、世界第3位の水産輸出国となっています。

写真提供：久野真一／JICA

keyword：ODA

最大の援助国は日本

日本の対ベトナムのODA供与実績は約11.7億ドル（2016年支出純額）で、ベトナムにとって最大の援助国です。

とくに力を入れてきたのが、道路や橋、空港、港湾などの交通整備で、総延長3,300km以上の道路や300近い橋を建造し、ベトナムの経済成長を支援しました。

世界を支える日本の活動

発展途上国の問題は、世界全体の問題です。日本も、国の組織や民間企業などが、こうした国の人びとを助ける活動をしています。いくつか例を紹介します。

A パキスタン

ポリオ対策に
ワクチン接種を支援

世界中でポリオ（※）のぼくめつに取り組んできた結果、発症数は大きく減少したものの、その約7割がパキスタンで発症しています（2015年時点）。パキスタンの多くの人がワクチン接種を受けられるよう支援する活動に、日本も参加しています。

写真提供：JICA

アジアをはじめ
世界中で
活動している

写真提供：住友化学（株）

B タンザニア

蚊帳でマラリア予防と
雇用創出

アフリカには、蚊を介して感染するマラリアで亡くなる人が大勢います。そこで、日本の住友化学という会社は防虫剤をぬった蚊帳を開発し、工場をタンザニアにつくりました。

蚊帳の活用などでマラリアによる死者が減少しているうえ、現地の人がはたらいて収入を得る機会も生み出しました。

©M.Hallahan／Sumitomo Chemical

C ミャンマー

新しい教科書で
学びを楽しく

日本の JICA（国際協力機構）では、ミャンマーの小学生向けの教科書や教師用の指導書の開発に協力しました。

2017年から小学校の一部で活用されはじめ、わかりやすくてカラフルな教科書は、子どもたちにも高く評価されています。

※乳幼児が感染すると、まひなどの症状が一生残ることのある病気。ワクチン接種で予防できる。

母子手帳は
アジアやアフリカ
などでも導入され
ているんだって

D 母子手帳で 母も子も健やかに

インドネシア

1990年代、日本に研修に来ていたインドネシア人の医師は、母子手帳に感動して、自分の国にも取り入れたいと考えました。インドネシアは妊婦や赤ちゃんの死亡率が高かったからです。日本はインドネシアでの母子手帳の普及を支援しています。

写真提供：今村健志朗/JICA

E 災害が 起きたとき救援に！

ハイチ

2010年に発生したハイチ大地震では、国民の約3分の1が被災し、多数の死者が出ました。日本は、現地での医療活動や物資の援助などを行いました。

写真は、JICAの緊急リハビリ事業として、学校敷地内に公共水栓が完成したときのもの。これ以降も、ハイチの復興や開発のために、引き続き支援しています。

写真提供：JICA

F 2つの 国を結ぶ橋づくりを支援

タイ　ラオス

インドシナ半島の中部を横につらぬく「東西経済回廊」は、ベトナム、ラオス、タイ、ミャンマーをつなぐ陸路です。

そのルート上にあるのが「第2メコン橋」。タイとラオスの国境を流れるメコン川にかかる全長約1,600mの橋で、日本の支援のもと建設されました。

2006年に開通すると、両国間の交通量は急増。タイとラオスだけでなく、東西経済回廊周辺の地域の貿易拡大や経済の発展に役立っています。

写真提供：久野真一/JICA

ヨーロッパ州

イギリスやフランス、ドイツなど、
なじみのある国が多いヨーロッパ。
意外にも、日本より小さい国が多く、
キリスト教を中心とした文化が育まれています。

アイスランド

国の数 (2019年)	面積	人口 (2018年)
45ヵ国	約2,214万km²	約7億4,265万人
世界の約23%	世界の約17%	世界の約10%

（資料：『データブック オブ・ザ・ワールド 2019年版』二宮書店）

©Cedric Weber／Shutterstock.com

keyword：スコッチウイスキー

イギリスのスコットランドは世界一のウイスキー産地。現地で製法を学んだ竹鶴政孝は、北海道でニッカヰスキーを創業。日本のウイスキーの父とよばれている。

大西洋

ヨーロッパ州と日本のつながり

　ヨーロッパ州は、ユーラシア大陸の西部とその周辺の島じまをさし、「北欧、西欧、南欧、東欧」に大きく分けられます。経済的に発展しているのは北欧・西欧で、南欧・東欧は発展途上の地域です。現在は、多くの国がEUに加盟しており、人や物、お金が自由に行き来しています。

　ヨーロッパでは、早いうちから、経済や政治のしくみが発達しました。16世紀中ごろには、日本の商人とポルトガルやスペインの商人による貿易が行われ、日本にヨーロッパの文化が入ってきました。明治時代になると、髪型や服装、制度など、ヨーロッパ文明が取り入れられ、日本の近代化が進んでいきました。

keyword：フラメンコ

スペイン南部のアンダルシアで生まれた民族舞踊。歌とギターを従えた情熱的な踊りは観光客にも人気。

©スペイン政府観光局

keyword：ローマ教皇（法王）

ローマ・カトリック教会の最高位聖職者。ローマ市内のバチカン市国に教皇庁がある。教皇の最高顧問（枢機卿）には日本人もいる。

©イタリア政府観光局

イギリス

アイルランド

ロンドン

フラン

アント

マドリード

ポルトガル　スペイン

©Roman Babakin／Shutterstock.com

keyword：サンタクロース

フィンランドの北部の都市には「サンタクロース村」がある。サンタクロースに会えるオフィスや、郵便局がある。

ロシアは
ヨーロッパと
アジアに
またがっているね

スウェーデン

フィンランド

ノルウェー

● オスロ

● ストックホルム

バルト海

エストニア

ラトビア

リトアニア

ロシア

● モスクワ

デンマーク

● コペンハーゲン

北海

ランダ

ベルリン
●

ワルシャワ
●

ベラルーシ

レギー

ドイツ

ポーランド

ルクセンブルク

プラハ
●

チェコ

ウィーン
●

スロバキア

ウクライナ

テンシュタイン

オーストリア

ハンガリー

モルドバ

スイス

スロベニア

クロアチア

ルーマニア

サンマリノ

ボスニア・
ヘルツェゴビナ

セルビア

コソボ

モンテネグロ

ブルガリア

黒海

モナコ

バチカン

ローマ
●

北マケドニア

イタリア

アルバニア

ギリシャ

マルタ

● アテネ

エーゲ海

地中海

keyword：オリンピック

©CoinUp／Shutterstock.com

古代オリンピックは紀元前8世紀ごろにギリシャ西部のオリンピアではじまったとされる。写真は当時の競技場の門。

イギリス

国旗

正式名 グレートブリテンおよび北アイルランド連合王国
（United Kingdom of Great Britain and Northern Ireland）

面積 約24.2万km²

人口 約6,753万人（2019年）

言語 英語

通貨 ポンド（スターリング・ポンド）

宗教 キリスト教（英国国教会）など

首都 ロンドン

東京とロンドンの距離 約9,590km

在留日本人（2017年）
6万2,887人

在日イギリス人（2019年）
1万7,734人

4つの地域で1つの王国

　イギリスは「イングランド、ウェールズ、スコットランド、北アイルランド」から成る連合王国です。18世紀半ばに世界初の産業革命を実現。世界中に植民地を広げ、大英帝国として栄えました。現在は工業や金融業がさかんです。また、日本の近代化に大きな影響を与えた国で、日本の議会内閣制度はイギリスを参考にしたものです。

©写真提供：伊東観光協会

🔑 keyword：ウィリアム・アダムス

徳川家康の外交顧問はイギリス人？

　1600年に、イギリスの航海士ウィリアム・アダムスは、オランダ船で九州に漂着。当時の将軍・徳川家康の外交顧問となり、三浦按針と名乗りました。
　明治時代も多くのイギリス人が来日し、鉄道の導入などに尽力しました。

静岡県伊東市の「按針メモリアルパーク」。帆船の記念碑などがある。

🔑 keyword：スポーツ

ラグビーやサッカーの母国

　ラグビーやサッカーは、イギリスで生まれました。ラグビーのワールドカップは通常1国1チームの出場ですが、発祥地のイギリスだけはイングランド、ウェールズ、スコットランド、北アイルランドの各地域から計4チームの出場が認められています。大英帝国の旧植民地の南アフリカやニュージーランドも強豪チームとして有名。

イタリア

正式名 イタリア共和国(Italian Republic)
面積 約30.2万㎢　　**首都** ローマ
人口 約6,055万人(2019年)
言語 イタリア語など
通貨 ユーロ
宗教 キリスト教(カトリック)など

国旗

東京と
ローマの距離
約9,880km

在留日本人(2017年)
1万4,146人

在日イタリア人(2019年)
4,654人

マルコ・ポーロが日本を紹介

　長ぐつの形の国土をもつイタリアは、ローマ帝国興亡の地。14世紀のルネサンス(文化・芸術の運動)が生まれた地でもあり、世界遺産の登録数は世界一です(2019年)。ヴェネチアの商人、マルコ・ポーロは13世紀末に日本を初めてヨーロッパに紹介しました。

keyword：公衆浴場の遺跡

おふろ好きは日本人と同じ?

　古代ローマ帝国22代皇帝カラカラ帝がつくった公衆浴場は、1,600人が収容できるという大浴場のほかに、図書館、劇場などもある、大きなごらく施設でした。

©イタリア政府観光局

keyword：イタリア料理

ピザ、パスタ、ジェラート!

　日本ですっかり定着しているイタリア料理。トマトソースやオリーブオイルをたっぷり使い、各地方に多彩な料理があります。パスタは150種類以上もあるそう。

keyword：イタリアブランド

職人の技術がブランドを支える

　イタリアは日本と同じ、伝統的なモノづくりの国。グッチやプラダ、アルマーニなど世界的なファッションメーカーがあります。とくに熟練の職人がつくりあげたバッグやくつなどの革製品は高く評価されています。フィアットやフェラーリ、ランボルギーニなどの自動車メーカーも有名です。

スイス

国旗

- **正式名** スイス連邦（Swiss Confederation）
- **面積** 約4.1万㎢　　**首都** ベルン
- **人口** 約859万人（2019年）
- **言語** ドイツ語、フランス語など
- **通貨** スイスフラン
- **宗教** キリスト教など

東京と
ベルンの距離
約9,700km

在留日本人（2017年）
1万827人

在日スイス人（2019年）
1,142人

アルプス山脈がそびえる

　国土のおよそ7割が山地のスイス。「ヨーロッパの屋根」とよばれるアルプス山脈が連なる、山岳風景の美しい国です。酪農がさかんで、じゃがいもやチーズの料理が有名。スイスで発明されたミルクチョコレートも世界中で愛されています。

©margouillat photo／Shatterstok.com

チーズ・フォンデュ。火にかけてとかしたチーズにワインを混ぜ、パンなどをからめて食べる。

keyword：時計

精密機器の製造がさかん

　スイスは世界有数の時計生産国。職人がつくる機械式の高級腕時計は、電子式時計が普及した今もなお世界中で人気。時間を守る勤勉な国民性は日本と似ているといわれています。

keyword：永世中立国

公平な立場で世界を支える

　永世中立国のスイスはどの国にも味方せず、自国が侵略されないかぎり、戦争に参加しません。そのため、多くの国際機関の本拠地となっています。また、直接民主制の国でもあります。

スペイン

広さは日本の1.3倍。フラメンコの生まれた国で、オリーブオイルの生産量は世界一。

- **正式名** スペイン王国
（Kingdom of Spain）
- **国旗**

keyword：伝道師

日本にキリスト教を伝えたスペイン人は？

　伝道師とは、キリスト教における教義を教え、信仰をうながす人。日本に初めてキリスト教を伝えたのは、スペイン人の伝道師フランシスコ・ザビエルです。1549年に来日し、長崎や山口で布教活動を行いました。

鹿児島や大分にもザビエルの像や記念碑があるのね

ドイツ

正式名 ドイツ連邦共和国(Federal Republic of Germany)
面積 約35.8万km²　**首都** ベルリン
人口 約8,352万人(2019年)
言語 ドイツ語など
通貨 ユーロ
宗教 キリスト教など

東京と
ベルリンの距離
約8,940km

在留日本人(2018年)
4万5,784人
在日ドイツ人(2019年)
7,301人

自動車産業をはじめ、工業がさかん

　1990年に東西を統一したドイツは、ヨーロッパ最大の工業国。メルセデス・ベンツやポルシェなどの高級自動車を輸出しています。国土の半分は農地であることから、環境問題にも熱心。再生可能エネルギーに取り組んでいます。日本では、バッハやベートーベンなどの作曲家が有名。ビールやソーセージも人気です。

©ジーケージャパンエー
ジェンシー株式会社

keyword : 日本の近代化

ドイツから医学や政治を学んだ

　江戸時代に最新の医学を日本に広めたのは、ドイツ人医師のシーボルトです。続く明治時代も、日本は医学や政治、軍事など、ドイツから多くを学びました。
　大日本帝国憲法を起草した伊藤博文や、作家・森鴎外もドイツに留学しています。

日本の医療分野では「カルテ」や「クランケ(患者)」などのドイツ語が使われる。以前はドイツ語でカルテを書いていたことも。

keyword : マイセン

日本の磁器が手本だった?

　17世紀、日本の伊万里焼や中国の景徳鎮といった磁器はヨーロッパ王侯貴族のあこがれでした。ドイツのザクセン公国王は、錬金術師ヨハン・フリードリッヒ・ベトガーに磁器製法の解明を命じます。ベトガーは苦労の末に製法を解明。ここから世界的な磁器ブランド「マイセン」がはじまったのです。

フランス

正式名	フランス共和国（French Republic）
面積	約**54.4**万km²
人口	約**6,699**万人（2019年）
言語	**フランス語**など
通貨	**ユーロ**
宗教	**キリスト教**（カトリック）など

首都 パリ

東京とパリの距離 約**9,740**km

国旗

在留日本人（2017年）
4万2,712人

在日フランス人（2019年）
1万3,950人

写真：AP／アフロ

文化の都で、農業も工業もリード

フランス革命で共和国となったフランス。ヨーロッパ最大の農業国であるとともに、最先端工業のリーダーです。また、芸術の都・パリをはじめ、多くの世界遺産もあり、世界中から観光客が集まります。

日本への関心は非常に高く、日仏友好160周年の記念行事「ジャポニスム2018」には約300万人が訪れました。

日の丸が映し出されてきれい！

keyword：航空機産業

航空機やロケットを開発

フランスでは航空機産業がさかん。他国と協力して、超音速旅客機コンコルドや大型旅客機エアバスなどの開発に取り組んできました。また、世界で3番目に人工衛星の打ち上げにも成功。フランス国立宇宙研究センターは、ヨーロッパの宇宙開発の中心になっています。

ジャポニスム2018では、エッフェル塔も日本をテーマにした特別なライトアップを実施。

ANAが導入したエアバス A380。総2階建てで座席数は520席。

©ANA

keyword：フランスパン

パリパリの皮がおいしい

卵や油脂、砂糖を使わないパンが有名。代表的なのが細長いバゲットで、パリパリの皮が美味。

旧植民地のベトナムやカンボジアでも定番です。日本では"フランスパン"ともよばれます。

ロシア

正式名	ロシア連邦（Russian Federation）
面積	約**1,710**万k㎡
人口	約**1億4,587**万人（2019年）
言語	ロシア語
通貨	ルーブル
宗教	ロシア正教、イスラム教、仏教、ユダヤ教など

首都 モスクワ

国旗

東京と
モスクワの距離
約**7,500**km

在留日本人（2017年）
2,696人
在日ロシア人（2019年）
9,109人

世界一広い国

　世界一広大な国土をもつロシア。かつては世界初の社会主義国家ソビエト連邦としてアメリカと激しく対立し、世界を二分しました。冷戦の終結以降も絶大な影響力をもつ国です。

keyword：音楽、バレエ

ロシアを代表する芸術

　ヨーロッパから伝わったバレエは、ロシアで総合芸術として発展しました。チャイコフスキーが作曲した「白鳥の湖」や「くるみ割り人形」などが人気の演目。
　ロシアのバレエ団やバレエ学校に入る日本人ダンサーもいます。

keyword：地下資源

日本へエネルギーを輸出

　ロシアは石油や天然ガス、石炭、鉄鉱石などが豊富。ヨーロッパのほか、日本にも石油や天然ガスを輸出しています。
　また、ロシアの石油・天然ガス開発に日本も協力しています。

● 日本のエネルギー輸入にしめる割合

ロシア
5.8%
原油
第**5**位
（2017年）

ロシア
8.7%
液化天然ガス
第**4**位
（2017年）

（資料：『データブック オブ・ザ・ワールド 2019年版』二宮書店）

写真：ロイター／アフロ

リトアニア

バルト海の東部にあり、数多くの湖がある自然豊かな国。

正式名	リトアニア共和国（Republic of Lithuania）
国旗	

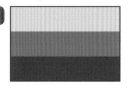

2,139家族に
ビザを発給
したそうよ

keyword：外交官

ユダヤ難民を救った杉原千畝

　1940年7月、リトアニアの在カウナス日本領事館前に、ポーランドなどからのユダヤ人難民が殺到しました。ナチスドイツの迫害を恐れ、日本通過ビザでヨーロッパを脱出しようとしたのです。日本人外交官の杉原千畝は、外務省の指示にそむき、独断でビザを発給。多くの難民の命を救いました。

あの物語の舞台はどこ？

日本でおなじみの童話や小説の中には、海外の作品もたくさんあります。どのような場所を舞台に、どのような物語がえがかれているのでしょうか。ぜひ読んでみてください。

たのしいムーミン一家

トーベ・ヤンソン 作

舞台は
とても美しい谷！

フィンランドのイラストレーターで作家のヤンソンが書いたムーミン童話の第3作目で、1948年に出版されました。冬眠からさめたムーミンと仲間たちの物語です。

『たのしいムーミン一家 復刻版』山室静 訳 講談社

アルプスの少女ハイジ

ヨハンナ・スピリ 作

舞台は
アルプス！

アルプスの山のふもとで祖父とくらすことになった少女ハイジの成長物語。スイスの作家が1880年にしっぴつしました。日本では、アニメ化されて人気になりました。

『アルプスの少女ハイジ（徳間アニメ絵本）』
ヨハンナ・スピリ原作　高畑勲 演出　徳間書店

ハリー・ポッターと賢者の石

J.K.ローリング 作

舞台は
イギリス！

イギリスを舞台に、魔法使いの少年ハリーとその仲間たちの冒険をえがいたファンタジー小説。
1997年から2007年までシリーズで出版され、映画も大ヒットしました。

『ハリー・ポッターと賢者の石〈新装版〉1』
松岡佑子 訳
佐竹美保 絵　静山社

星の王子さま

サン＝テグジュペリ 作

舞台は
サハラ砂漠！

サハラ砂漠に不時着した飛行士が、遠い星から来た男の子に出会って聞いた、ふしぎな旅のお話。飛行士でもあったフランスの作家が書き、1943年に出版されました。

『星の王子さま』
（岩波少年文庫）内藤濯 訳　岩波書店

日本でよく読まれている童話集

【アンデルセン童話】

デンマークの作家、アンデルセンが1835年から発表した、子どものための童話集。伝承をもとにした「にんぎょひめ」もあるが、ほとんどの物語はアンデルセンが創作したもの。

● 代表的なお話
『にんぎょひめ』/『みにくいアヒルの子』/『マッチ売りの少女』/『はだかの王さま』/『雪の女王』 など

【グリム童話】

ドイツのグリム兄弟がヨーロッパに伝わる民話をまとめたもの。1812年～1815年に初版が出版されたが、ざんこくな表現も多かったため、子ども向けに7回改ていされた。

● 代表的なお話
『オオカミと七匹のこやぎ』/『ラプンツェル』/『シンデレラ』/『赤ずきん』/『白雪姫』 など

【イソップ童話】

古代ギリシャ時代に奴隷の身分だったアイソポス（イソップ）がつくった話が口承（口から口へ伝えられた）されたもの。生きるための知恵や教訓をたとえ話にしたものが多い。

● 代表的なお話
『アリとキリギリス』/『ウサギとカメ』/『王さまの耳はロバの耳』/『すっぱいぶどう』/『北風と太陽』 など

舞台は **カナダ！**

赤毛のアン　L.H.モンゴメリ 作

カナダのプリンス・エドワード島を舞台に、孤児院からカスバート家に引き取られた11歳の少女アンの成長や友情をえがいています。1908年に出版されました。

『赤毛のアン（新装版）（講談社青い鳥文庫）』
村岡花子 訳　HACCAN 絵　講談社

舞台は **モンゴル！**

スーホの白い馬

大塚 勇三 再話

モンゴルの遊牧民に伝わる楽器、馬頭琴の由来についての民話。
　貧しいながらも心のやさしい少年スーホと白い子馬の、温かくも悲しい物語です。

『スーホの白い馬（日本傑作絵本シリーズ）』
赤羽末吉 画　福音館書店

舞台は **シルクロード！**

西遊記

正確な作者はわかっていない

中国四大奇書の1つで、三蔵法師が孫悟空らをともない、お経を求めて旅に出る物語。
　三蔵法師のモデルになった僧侶は、シルクロードを歩いてインドへわたりました。

『西遊記〈上〉悟空誕生の巻』
渡辺仙州 編訳　佐竹美保 絵
偕成社

舞台は **架空の町！**

トム・ソーヤーの冒険

マーク・トウェイン 作

1876年の作品で、少年トムと仲間のハックたちの冒険物語。
　舞台は架空の町ですが、作者が過ごしたアメリカのミズーリ州ハンニバルがモデルになっています。

『トム・ソーヤーの冒険（新潮文庫）』
柴田元幸 訳　新潮社

アフリカ州

アフリカ大陸と周辺の島などをふくむアフリカ州には、54の国があります。日本とのつながりを見ていきましょう。

とんがり帽子のようなふたのついた鍋で肉や野菜を蒸したタジンは、モロッコの家庭料理。日本でも人気の調理法。

©marco mayer/Shutterstock.com

アフリカ州と日本のつながり

　アフリカは日本から遠くはなれた地域ですが、じつは身近な存在です。

　たとえば、日本人がよく食べているスイカやオクラはアフリカ原産で、タコもその多くをアフリカから輸入しています。

　また、日本は率先してアフリカを支援しており、1993年から日本政府が主導して国際機関などと共同でアフリカ開発会議（TICAD）を開いています。

　理由の1つは、アフリカがかかえている貧困や紛争といった問題の解決に力を貸すためです。

　アフリカと友好関係を築いていることで、レアメタルなどの天然資源を安定して輸入することができています。

keyword：タコ

日本が輸入するタコの約3分の1がモーリタニア産（2017年）。20世紀後半、日本の水産専門家がタコつぼ漁法を紹介した。

©yoshi0511/Shutterstock.com

モーリタニ

カーボベルデ　　セネガル

ガンビア ―

ギニアビサウ ―――　　ギニア

シエラレオネ

リベリ

大西洋

国の数	面積	人口 (2018年)
54ヵ国 (2019年)	約**2,965**万km²	約**12億8,792**万人
世界の約**27**%	世界の約**23**%	世界の約**17**%

（資料：『データブック オブ・ザ・ワールド 2019年版』二宮書店）

アフリカ連合
AU

アフリカの55の国・地域が加盟する世界最大級の地域機関です※。

　1963年に発足した「アフリカ統一機構」（OAU）を発展させるために組織をあらため、2002年に発足しました。日本など多くの国ぐにがAUを支援しています。

※日本が国として承認していない「サハラ・アラブ民主共和国」をふくむ。

keyword：ピラミッド

古代に栄えたエジプト文明を象徴するピラミッド。江戸時代にヨーロッパ文化を学びに行った武士も立ち寄った。

地中海

チュニス

チュニジア

ッコ

アルジェリア

リビア

カイロ

エジプト

紅海

マリ

ニジェール

チャド

スーダン

エリトリア

ジブチ

ルキナファソ

ベナン

ガーナ

ナイジェリア

中央アフリカ

南スーダン

エチオピア

アクラ

トーゴ

カメルーン

ソマリア

ウガンダ

ケニア

ワール

赤道ギニア

ガボン

コンゴ共和国

ルワンダ

セーシェル

サントメ・プリンシペ

ブルンジ

コンゴ民主共和国

タンザニア

ルアンダ

コモロ

アンゴラ

マラウイ

ザンビア

ジンバブエ

マダガスカル

モーリシャス

ナミビア

ボツワナ

モザンビーク

keyword：バラ

日本のバラの輸入先第1位はケニア（2017年）。近年、中東を経由する航空輸送が充実したため輸入が大きく伸びた。

プレトリア

エスワティニ

レソト

インド洋

南アフリカ

ガーナ

正式名	**ガーナ共和国**（Republic of Ghana）
面積	**約23.9万km²**
人口	**約3,042万人**（2019年）
言語	**英語**など
通貨	**ガーナセディ**
宗教	**キリスト教**など

首都　アクラ

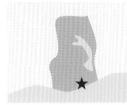

東京と
アクラの距離
約1万3,830km

在留日本人（2017年）
361人

在日ガーナ人（2019年）
2,369人

野口英世は
ガーナで他界した

　細菌学者の野口英世は、アメリカのロックフェラー医学研究所を拠点に研究を行い、ノーベル生理学・医学賞の候補にもなりました。しかし、黄熱病の調査に訪れていたアフリカで自身も感染し、1928年、51歳のとき、現在のガーナの首都アクラで亡くなりました。

アクラにある野口英世像。千円札の肖像（2019年現在）と似ているかな？

写真：アールクリエイション／アフロ

keyword：カカオ豆

チョコレートはカカオ豆からできる

　ガーナはチョコレートの原材料になるカカオ豆の原産地。年間生産量は世界第2位です。一方、日本ではカカオ豆の7割以上をガーナから輸入。その縁で、国や日本の製菓会社などは、ガーナで社会貢献活動を行っています。

カカオの木は、赤道近くの高温多湿なかぎられた地域で栽培されている。

写真提供：久野武志／JICA

ギニア

日本の本州とほぼ同じ大きさの国。1958年にフランスから独立した。公用語はフランス語。

正式名	**ギニア共和国** （Republic of Guinea）

国旗

keyword：国土基本図

日本人がつくったギニアの地図

　日本は1977年から「ギニア国地図作成事業」に取り組みました。1980年から4年間にわたって専門家のべ90人以上をはけんし、ギニア人技師の育成やギニア全土の空中撮影などを行い、主要都市のカンカン地区地形図を完成させました。

道路整備などで現在もこの地図が活用されるそうよ

南アフリカ

正式名 南アフリカ共和国（Republic of South Africa）

面積 約122.1万km²

人口 約5,856万人（2019年）

言語 英語、アフリカーンス語など

通貨 ランド

宗教 キリスト教など

首都 プレトリア

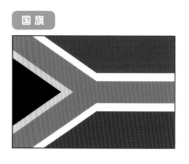

国旗

東京とプレトリアの距離 約1万3,510km

在留日本人（2017年） 1,505人

在日南アフリカ人（2019年） 988人

人種差別をやめて、アフリカ最大の経済国へ

1910年に独立した南アフリカは、アフリカ系やアジア系の人びとからさまざまな権利を奪うアパルトヘイト政策（人種隔離政策）を続けていました。そのため、世界中から非難され、貿易も禁止されていました。1994年にその政策を廃止後、アフリカ最大の工業国に成長。現在、日本へはグレープフルーツを多く輸出しています。

keyword：ダイヤモンド

天然資源が豊富にある

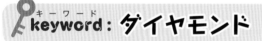

オランダ植民地時代の19世紀後半、金やダイヤモンドの鉱山が見つかりました。その採掘に、安く多くの労働力が必要となり、やがてアパルトヘイト政策が始まりました。

そのほかの鉱物資源も豊富で、日本へはプラチナ（白金）などを多く輸出しています。

keyword：ケープタウン

日本とオランダの貿易中継地

「喜望峰」とよばれる大都市ケープタウンは、かつてオランダの植民地でした。そのころ日本は江戸時代。オランダとの貿易で日本から輸出された伊万里焼は、貿易中継地として栄えていたケープタウンにも多くおろされました。

国をこえるスポーツ選手

国や文化、言葉がちがう人とも楽しめることがスポーツの魅力です。日本の選手が海外のチームに入ったり、海外の選手が日本で活やくしたりと、交流もさかんです。

相撲
Sumo wrestling

どんなスポーツ？

相撲は、まわしを巻いた2人の力士が土俵の上で取組を行う競技。日本で千数百年前から行われています。海外出身の力士も多く、かつてはハワイ出身の力士が目立ちましたが、現在はモンゴル出身の力士が活やくしています。

> 横綱になった外国人力士も少なくないわ！

外国出身の横綱といえば？

曙 太郎
〈第64代横綱〉
出身：アメリカ 🇺🇸
横綱昇進：1993年3月
（23歳10ヵ月）

武蔵丸 光洋
〈第67代横綱〉
出身：アメリカ 🇺🇸
横綱昇進：1999年7月
（28歳2ヵ月）

朝青龍 明徳
〈第68代横綱〉
出身：モンゴル
横綱昇進：2003年3月
（22歳6ヵ月）

白鵬 翔
〈第69代横綱〉
出身：モンゴル
横綱昇進：2007年7月
（22歳4ヵ月）

日馬富士 公平
〈第70代横綱〉
出身：モンゴル
横綱昇進：2012年11月
（28歳7ヵ月）

鶴竜 力三郎
〈第71代横綱〉
出身：モンゴル
横綱昇進：2014年5月
（28歳9ヵ月）

外国人相撲力士の出身の多い国は？

- モンゴル ➡ 57人
- アメリカ ➡ 31人
- ブラジル ➡ 16人
- 韓国 ➡ 12人
- 中国 ➡ 12人

（資料：外務省HP、財団法人日本相撲協会 2016年8月時点。戦後力士にかぎる）

柔道
Judo

どんなスポーツ？

柔道は日本発祥の格闘技で、学校の授業でも取り入れられています。第二次世界大戦後、海外に普及しました。オリンピックのメダル数（男女合計）は、日本がトップ。ブラジルやフランスなど海外でも人気があります。

サッカー
Soccer

日本代表は「サムライ・ブルー」とよばれているね。2018年はベスト16に入ったよ

どんなスポーツ？

サッカーは、ヨーロッパや南米をはじめ世界中で親しまれています。日本では1993年にプロサッカーリーグが開始。2002年には日本と韓国が共同でワールドカップの開催地になりました。外国に移籍する選手も大勢います。

FIFAワールドカップの優勝回数の多い国は？
（2018年時点）

国	優勝回数	
ブラジル	➡ 5回	（準優勝2回）
ドイツ	➡ 4回	（準優勝4回）
イタリア	➡ 4回	（準優勝2回）
アルゼンチン	➡ 2回	（準優勝3回）
フランス	➡ 2回	（準優勝1回）

ラグビー
Rugby football

どんなスポーツ？

2019年に日本でワールドカップが行われて注目を集めたラグビーは、19世紀のイギリスで生まれました。国籍にかかわらず、居住年数などの条件を満たせば、国の代表選手になれるため、外国出身の選手も多くいます。

ラグビーワールドカップの優勝回数の多い国は？
（2019年現在）

国	優勝回数	
ニュージーランド	➡ 3回	（1987年、2011年、2015年）
南アフリカ	➡ 3回	（1995年、2007年、2019年）
オーストラリア	➡ 2回	（1991年、1999年）
イングランド	➡ 1回	（2003年）

日本代表の愛称は「ブレイブブロッサムズ（勇敢なる桜の戦士）」。2019年にはベスト8に勝ち進んだよ！

野 球
Baseball

どんなスポーツ？

野球はアメリカや日本で人気が高く、プロ同士の交流試合なども行っています。昔はアメリカの選手が助っ人選手として来日していましたが、現在は日本の選手がアメリカの大リーグで活やくするようになりました。

マラソン
Marathon

どんなスポーツ？

マラソンはアフリカの選手が強い競技。日本は女子がオリンピックで2大会連続の金メダルを獲得しました。日本では、長距離を数人がリレー形式で走る駅伝もさかん。学生の駅伝大会ではアフリカ出身の選手も活やくしています。

南北アメリカ州

北アメリカ大陸と南アメリカ大陸はパナマ地峡で接していて、これらを合わせて、南北アメリカとよんでいます。

北アメリカ州

国の数（2019年）
23ヵ国

世界の
約**12**％

面積
約**2,133**万㎢

世界の
約**16**％

人口（2018年）
約**5億8,762万人**

世界の
約**8**％

（資料：『データブック オブ・ザ・ワールド 2019年版』二宮書店）

アメリカ
（アラスカ州）

カナダ

オタワ

太平洋

アメリカ

ワシントンD.C.

大西洋

keyword：パナマ運河

太平洋と大西洋を結ぶ水路で、海上貿易に重要な役割をはたしている。建設には日本人技術者も参加した。日本は第4位のパナマ運河利用国。

©evenfh/Shutterstock.com

メキシコ

メキシコシティ

ベリーズ

グアテマラ

エルサルバドル

ホンジュラス

ニカラグア

コスタリカ

パナマ

ハバナ

キューバ

バハマ

ジャマイカ

カリブ海

ドミニカ
共和国

ハイチ

セントビンセントおよび
グレナディーン諸島

セントルシア

グレナダ

セントクリストファー・
ネービス

アンティグア・
バーブーダ

ドミニカ

バルバト

トリニダード・
トバゴ

南北アメリカと日本のつながり

北アメリカ州のアメリカやカナダは、政治や貿易などで日本との結びつきが強い国。多くの日本人が移住や留学をしています。

南アメリカ州のブラジルやチリなどの国には、豊富な天然資源と農水産物があり、日本も多くのものを輸入しています。

ブラジルやペルーを中心とした南米には、日本人移住者の子孫である日系人が多く住んでいます。一方、これらの国から来日した、約30万人の日系人が日本でくらしています。

南アメリカ州

（資料：『データブック オブ・ザ・ワールド 2019年版』二宮書店）

国の数 （2019年）
12ヵ国
世界の約6%

面積
約1,746万km²
世界の約13%

人口 （2018年）
約4億2,824万人
世界の約6%

ベネズエラ
ガイアナ
スリナム
コロンビア
エクアドル
ペルー
リマ
ブラジル
ブラジリア
ボリビア
パラグアイ
チリ
アルゼンチン
ウルグアイ
サンティアゴ
ブエノスアイレス
大西洋
太平洋

keyword：じゃがいも
じゃがいもの原産地はペルーで、先住民が栽培していたものが世界中に広がった。3,000種もの品種があるという。
©kccullenPhoto/Shutterstock.com

keyword：タンゴ
情熱的な曲に合わせて踊るタンゴは、アルゼンチンの首都で"南米のパリ"とよばれたブエノスアイレスで生まれた。
©jorisvo/Shutterstock.com

カナダ

- 正式名 **カナダ**（Canada）
- 面 積 **約998.5万㎢**
- 人 口 **約3,741万人**（2019年）
- 言 語 **英語、フランス語**
- 通 貨 **カナダ・ドル**
- 宗 教 **キリスト教**など

国旗

首都 **オタワ**

東京と
オタワの距離
約1万350km

在留日本人（2017年）
7万25人

在日カナダ人（2019年）
1万751人

フランスとイギリスの文化をもつ

かつてイギリスとフランスに植民地支配されていた歴史があり、これらの国の文化をあわせもっています。移民が多く、多様な人びとが平等に社会参加できる国をめざして、1971年、世界で初めて「多文化主義政策」を取り入れました。日本人も1870年代から移住をはじめ、現在も多くの日系カナダ人がくらしています。

keyword：森林資源

豊かな自然にめぐまれた地

国土の約40％が針葉樹林地帯で、林業のほか、木材・木製品、パルプや紙製品などの産業がさかんです。日本もカナダから多くの木材を輸入しています。

サトウカエデの樹液からつくるメープルシロップはカナダの特産品の1つで、さまざまな料理に使われています。

カナダで3番目に大きい都市であるバンクーバーは、留学などで滞在する日本人も多い。

©i.viewfinder/Shutterstock.com

keyword：英語

カナダから日本へ、日本からカナダへ

地方自治体が国の機関などと協力して行っている「語学指導等を行う外国青年招致事業」（JET プログラム）には、常に500人ほどのカナダ人が参加しています。参加者は、日本の学校で英語を教えたり、自治体ではたらいたりします。その一方で、日本人の語学留学先として、カナダはとても人気があります。

チリ

- **正式名** チリ共和国（Republic of Chile）
- **面積** 約**75.6万**k㎡
- **人口** 約**1,895万**人（2019年）
- **言語** スペイン語など
- **通貨** ペソ
- **宗教** キリスト教（カトリック）
- **首都** サンティアゴ

（イースター島）

東京と
サンティアゴの距離
約**1万7,230**km

在留日本人（2017年）
1,655人

在日チリ人（2019年）
902人

©something else/Shutterstock.com

南北に細長い国

　南北に細長い国で、北部は乾燥していて暑く、南部は寒さがきびしい気候です。リチウムなどの鉱産物や果物などの農産物にめぐまれ、日本をふくめた海外に輸出しています。
　また、ワインの主な輸出先の1つが日本です。

イースター島には、モアイ像とよばれる大きな顔の石像がたくさん残っている。

©Leonard Zhukovsky/Shutterstock.com

keyword：サケ

日本などの協力でサケの輸出国へ

　チリは世界有数のサケ輸出国ですが、もともとサケはいませんでした。1969年から日本が支援し、専門家がチリに飛んで稚魚を川に放流するなど、約20年にわたる試験をかさねた結果、一大産業に発展したのです。現在、日本はチリから多くのサケを輸入しています。

ペルー

- **正式名**
- **ペルー共和国**
（Republic of Peru）

120年前から日本人が移住しており、日系人は約10万人。
ナスカの地上絵などの古代文明の遺跡が有名。

keyword：マチュピチュ

世界遺産の村と友好都市に

　ペルーの世界遺産、マチュピチュ遺跡にも日本人が貢献しています。野内与吉は1917年にペルーにわたり、マチュピチュ集落に定住。道路の整備やホテル開業など村のためにはたらき、村長になりました。
　こうした縁で、彼の故郷の福島県大玉村は、マチュピチュと世界で初めて友好都市提携を結びました。

©Allik/Shutterstock.com

ブラジル

- **正式名** ブラジル連邦共和国（Federative Republic of Brazil）
- **面積** 約851.6万k㎡
- **人口** 約2億1,105万人（2019年）
- **言語** ポルトガル語など
- **通貨** レアル
- **宗教** キリスト教など

首都 ブラジリア

東京と
ブラジリアの距離
約1万7,670km

在留日本人（2018年）
5万205人

在日ブラジル人（2019年）
20万6,886人

©CP DC Press/Shutterstock.com

サンバのリズムにのってダンスがくりひろげられる「リオのカーニバル」。

日本の裏側にあるサッカー大国

ブラジルはサッカーが強く、ワールドカップの優勝回数は世界最多の5回です。貿易では世界一の生産量をほこるコーヒー豆、牛肉、鉄鉱石などを、日本をはじめ海外に輸出しています。豊かな資源をいかして高度成長をとげた国ぐに「BRICS」の一国です。

keyword：日系社会

ブラジルでは身近な"日本"

ブラジルは移民が多い国です。日本からも1908年に最初の移民がわたってコーヒー豆の栽培などについて以降、約25万人が移住しました。
その子孫である日系ブラジル人の数は約190万人で、世界最大の日系社会が築かれています。

keyword：在日ブラジル人

ともにくらす社会をつくる

日系ブラジル人のなかには、日本にはたらきに来ている人もいます。愛知県や静岡県の浜松市などに多く滞在しています。これらの地にはブラジル総領事館もあり、在日ブラジル人が日本で安心してくらせるように支援したり、交流のためのイベントなどを行ったりしています。

大正の末（1920年代ごろ）に貼り出された、南米への移住をすすめるポスター。

ポルトガル語の冊子やWEBサイトでの情報発信も増えているんだって

外務省外交史料館所蔵
（写真提供：JICA横浜 海外移住資料館）

海をわたった日本人たち

かつて、職を求めて海外に移住した日本人たちがいました。彼らは日系移民とよばれ、苦難をのりこえながら、地域に根づいて社会を築いています。

未来を夢見て、異国へ飛びこんだ

今のように飛行機で簡単に海外に行けない時代に、成功を夢見てはたらく場を求め、ブラジルやハワイなどの海外に移住した人が大勢いました。彼らは、日本とは習慣や文化が異なる国で、さまざまな困難に直面しましたが、まじめにはたらき、信頼されるようになりました。

その子孫は日系人とよばれ、集まってくらすようになり、日系社会をつくりました。現在、世界中にいる日系人の数は360万人以上で、このうち約6割がブラジルを中心とする南アメリカで生活しています。

日系人が広めた“祭り文化”

近年、南アメリカでは、日本の祭りや文化を紹介するイベントが人気です。とくに、ブラジルのサンパウロを中心に開催される「七夕祭り」は、毎年約20万人もの参加者が集います。和太鼓や日本舞踊、生け花の展示、日本の郷土料理の屋台など、もりだくさんの内容です。

©リベルダーデ文化福祉協会

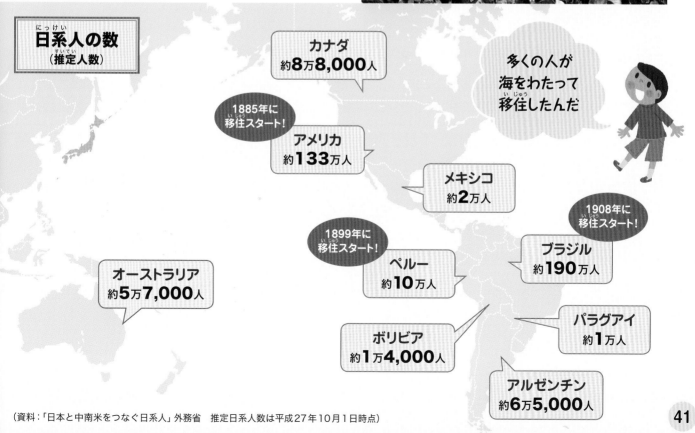

日系人の数
（推定人数）

多くの人が海をわたって移住したんだ

カナダ
約8万8,000人

1885年に移住スタート！

アメリカ
約133万人

メキシコ
約2万人

1908年に移住スタート！

ブラジル
約190万人

1899年に移住スタート！

ペルー
約10万人

オーストラリア
約5万7,000人

ボリビア
約1万4,000人

パラグアイ
約1万人

アルゼンチン
約6万5,000人

（資料：「日本と中南米をつなぐ日系人」外務省　推定日系人数は平成27年10月1日時点）

オセアニア州

太平洋にうかぶ島じまからなるオセアニアは大洋州ともよばれ、親日国が多い地域。
すきとおった青い海やさんごしょうなどの美しい自然、独自の伝統文化が魅力です。

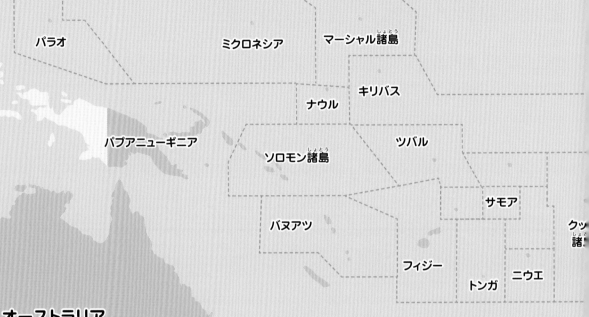

オセアニアは、オーストラリア大陸とニュージーランド、そのまわりの島じまをさします。島じまは「ミクロネシア（パラオ、ミクロネシア、マーシャル諸島など）、ポリネシア（ツバル、サモア、トンガなど）、メラネシア（パプアニューギニア、ソロモン諸島、フィジー、バヌアツなど）」の3つの地域に分けられます。日本とは古くから人の交流がさかん。また、この海域は、マグロやカツオなど日本の重要な漁場でもあります。

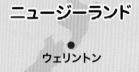

太平洋諸島フォーラム PIF

太平洋地域の国際機関。太平洋諸国に共通する問題を首脳レベルで討議する会議が、年に1回開催されています。16ヵ国および2地域が参加し、日本は地域外の「対話国」の1つです。また、日本をふくむ17ヵ国の太平洋・島サミット（PALM）も開催されています。

国の数 （2019年）	面積	人口 （2018年
16ヵ国	**約849万㎢**	**4,126万人**
世界の約8%	世界の約7%	世界の約0.5%

（資料：『データブック オブ・ザ・ワールド 2019年版』二宮書店）

オーストラリア

正式名 オーストラリア連邦（Commonwealth of Australia）

面積 約769.2万km²

人口 約2,520万人（2019年）

言語 英語など

通貨 オーストラリア・ドル

宗教 キリスト教など

首都 キャンベラ

東京とキャンベラの距離 約7,920km

©eo Tang/Shutterstock.com

在留日本人（2017年）
9万7,223人

在日オーストラリア人（2019年）
1万861人

イギリス連邦に加盟する国の1つ

18世紀にイギリスの植民地になり、独立国となった現在はエリザベス女王を元首とする、イギリス連邦の1つです。1970年代以降、多民族の文化を尊重する、多文化共存社会をめざしています。コアラやカンガルーなど、固有の生き物が多いことでも有名。

巨大な一枚岩であるウルル（エアーズロック）は、先住民にとって神聖な場所。

🔑 keyword：貿易

日本が最大の輸出相手

オーストラリアでは牛や羊の放牧がさかん。日本のスーパーでよく見かけるオージービーフはオーストラリアの牛肉です。石油や天然ガス、鉄鉱石なども多く輸出しており、オーストラリアにとって日本は最大の輸出相手国です。

● 日本の資源輸入にしめる割合

オーストラリア **61.8**%
石炭
第**1**位
（2017年）

オーストラリア **30.7**%
液化天然ガス
第**1**位
（2017年）

鉄鉱石
オーストラリア **57.7**%
第**1**位
（2017年）

（資料：『データブック オブ・ザ・ワールド 2019年版』二宮書店）

🔑 keyword：日本人滞在者

日本人が多く住んでいる

1980年に、はたらきながら学べる「日豪ワーキング・ホリデー制度」が発足。これを利用して留学する日本人が多く、世界で3番目に日本人が多く住む国です。日本語教育もさかんで2018年度の日本語学習者数は約40万人に上ります。

写真：東山動植物園

シドニー・タロンガ動物園と姉妹提携を結ぶ、名古屋市東山動植物園にはコアラが来園している。

ニュージーランド

国旗

- **正式名** ニュージーランド（New Zealand）
- **面積** 約26.8万km²
- **人口** 約478万人（2019年）
- **言語** 英語、マオリ語など
- **通貨** ニュージーランド・ドル
- **宗教** キリスト教など

首都 ウェリントン

東京と
ウェリントンの距離
約9,300km

在留日本人（2017年）
1万9,664人

在日ニュージーランド人（2019年）
3,486人

日本とよく似た島国

　1947年に独立したイギリス連邦の１つ。四季があり、火山や温泉もあるなど、日本との共通点が多い島国です。
　ただし、南半球なので、北部は暖かく、南部は寒い地域となります。産業は酪農や畜産が中心で、世界有数の羊毛の産地。山や氷河、原生林などの雄大な自然にめぐまれ、観光業もさかん。映画のロケ地としても有名です。

先住民族・マオリ族の伝統芸能「カパ・ハカ」の踊り。
©Martin Hunter/Getty

keyword：キウイ

フルーツ？ それとも鳥？

　ニュージーランドのキウイフルーツは、日本でも人気の特産品。
　「キウイ」という鳥に似ていることから、この名がつけられました。鳥のキウイは、丸っこい体と長いくちばしをもつ飛べない鳥で、ニュージーランドの国鳥です。

keyword：貿易

日本とは得意分野がちがう

　日本との貿易はさかんで、ニュージーランドにとって、日本は輸出・輸入ともに世界第４位の国。アルミニウム、チーズやバターなどの乳製品、木材、果物などを、日本に輸出していて、近年は牛肉も増えています。日本からの輸入品は、自動車が半分以上をしめます。

● ニュージーランドの対日貿易

日本へ輸出（2018年）
- その他
- アルミニウム 18.7%
- 酪農製品 16.0%
- 果物・ナッツ 15.0%
- 木材など 10.7%
- 肉 8.8%

日本から輸入（2018年）
- 電気・電子機器 2.7%
- その他
- 鉱物性燃料 7.8%
- 一般機械 15.9%
- 輸送用機器 60.0%

（資料：「世界貿易投資報告2019年版」JETRO）

ミクロネシア

正式名	ミクロネシア連邦（Federated States of Micronesia）
面積	約0.07万㎢
人口	約11万人（2019年）
言語	英語など
通貨	ドル（アメリカ・ドル）
宗教	キリスト教など

首都 パリキール

東京とパリキールの距離
約3,720km

在留日本人（2017年）
104人

在日ミクロネシア人（2019年）
52人

美しい海にうかぶ島じま

607の島と環の形をしたさんごしょうからなる島国です。第一次世界大戦後は日本の統治下にありましたが、のちにアメリカの領土となり、1986年に独立しました。

ココヤシやタロイモ、バナナ栽培や漁業がさかん。
また、儀式やおわびの印に石貨（石のお金）を使うなど独自の文化が残っています。

keyword：日本文化

日本の言葉が残っている

明治時代、貿易会社の進出にともなって日本人が移住。また、1920〜1945年までは日本の統治下にあったことから、人口の約20％は日系人です。当時の名残で「フトン」「ベントウ」などの日本語が今も使われています。

ヤップ島の伝統的な石貨。日本に寄贈され、東京の日比谷公園に展示されている。

マーシャル諸島

輪のように島がならび、「真珠の首かざり」とよばれる。
マグロやカツオを日本に輸出している。

正式名
マーシャル諸島共和国 （Republic of the Marshall Islands）

国旗

keyword：リヤカー

日本とマーシャルをリヤカーがつなぐ

マーシャル諸島も、かつて日本の統治下にあった国です。日本ははば広い分野で支援を続けていますが、その1つが運搬用のリヤカー。日本からリヤカーをおくるのではなく、研修を実施して、現地で製造会社を設立しました。生活向上のための新たな産業として期待されています。

写真：株式会社ムラマツ車輌（撮影：安達真也）

全巻共通さくいん

さくいんの見方
②4 → 第2巻の4ページ。

このシリーズで紹介している主な国、地域、都市 （青字は地域、都市名）

もっと知りたい人は調べてみよう！

【世界の国・地域全般について】

外務省「国・地域」
https://www.mofa.go.jp/mofaj/area/
index.html

国際協力機構（JICA）キッズコーナー
「どうなってるの？世界と日本―私たちの日常から途上
国とのつながりを学ぼう」など
https://www.jica.go.jp/kids/

【貿易について】

日本貿易会　JFTCきっず★サイト
https://www.jftc.or.jp/kids/

日本貿易振興機構（ジェトロ）
「国・地域別に見る」
https://www.jetro.go.jp/world/

【世界の学校、子どもたちについて】

外務省　キッズ外務省
「世界の学校を見てみよう！」
https://www.mofa.go.jp/mofaj/kids/kuni/
index.html

日本ユニセフ協会
子どもと先生の広場「世界のともだち」
https://www.unicef.or.jp/kodomo/lib/
lib1_bod.html

【国際交流などについて】

自治体国際化協会（クレア）「自治体間交流」
http://www.clair.or.jp/j/exchange/

日本政府観光局（JNTO）「統計・データ」
https://www.jnto.go.jp/jpn/statistics/
index.html

監修

井田仁康（いだ・よしやす）

筑波大学人間系教授。1958年生まれ。社会科教育、特に地理教育の研究を行っているほか、国際地理オリンピックにもたずさわっている。

イラスト	植木美江
デザイン	八月朔日英子
校正	渡邉郁夫
編集協力	オフィス201（高野恵子）
	寺本彩、中山恵子

写真協力・提供（写真の位置は、各ページの上から順に番号をふりました）

アフロ（P26①、P27①、P32①）／イタリア政府観光局（P20③、P23①）／伊東観光協会（P22①）／岩波書店（P28④）／ANA（P26②）／M.Hallahan ／ Sumitomo Chemical（P18③）／偕成社（P29①）／株式会社ムラマツ車輌（撮影：安達真也、太平洋諸島センター協力）（P45②）／串本町（P16②）／講談社（P28①、P29③）／ジーケージャパンエージェンシー株式会社（P25①）／JICA（P12①、P17②、P18①、P19①②③、P32②）／JICA横浜 海外移住資料館（P40②）／Shutterstock.com（P10①、P11①、P13①②、P14①②、P16①③、P17①、P20①、P21①②、P24①、P30①②、P31①②、P33①、P36①、P37①②、P38①、P39①③、P40①、P43①）／新潮社（P29④）／スペイン政府観光局（P20②）／住友化学株式会社（P18②）／静山社（P28③）／タイ国政府観光庁（P15①②）／徳間書店（P28②）／東山動植物園（P43②）／福音館書店（P29①）／Martin Hunter/Getty（P44①）／リベルダーデ文化福祉協会（P41①）

【表紙左から①：住友化学株式会社、②④Shutterstock.com、③ニュージーランド政府観光局】

＊写真は、権利者の許諾を得て、または、収蔵元の指定する手続に則って使用していますが、心当たりのあるかたは、編集部までご連絡ください。

参考文献

『基本地図帳 改訂版2019-2020』（二宮書店）
「海外の日本語教育の現状 2015年度 日本語教育機関調査より」（国際交流基金編集・発行）
『国別大図解 世界の地理 改訂版 第1巻アジアの国々①（東・東南アジア）』（井田仁康監修／学研プラス）
『国別大図解 世界の地理 改訂版 第2巻アジアの国々②（南・西・中央アジア）』（井田仁康監修／学研プラス）
『国別大図解 世界の地理 改訂版 第3巻ヨーロッパの国々①（西ヨーロッパ）』（井田仁康監修／学研プラス）
『国別大図解 世界の地理 改訂版 第4巻ヨーロッパの国々②（東ヨーロッパ）』（井田仁康監修／学研プラス）
『国別大図解 世界の地理 改訂版 第5巻南北アメリカの国々』（井田仁康監修／学研プラス）
『国別大図解 世界の地理 改訂版 第6巻アフリカ・オセアニアの国々』（井田仁康監修／学研プラス）
『国別大図解 世界の地理 改訂版 第7巻テーマ別ビジュアル資料集①』（井田仁康監修／学研プラス）
『国別大図解 世界の地理 改訂版 第8巻テーマ別ビジュアル資料集②』（井田仁康監修／学研プラス）
『くらべて見る地図帳 第2巻日本と世界をくらべる地図』（吹浦忠正監修／学研）
『新版 国旗と国名由来図典』（辻原康夫監修／出窓社）
『スポーツの世界地図』（阿部生雄、寺島善一、森川貞夫監訳／丸善出版）
『世界国勢図会 2019／20年版』（矢野恒太記念会）
『世界の国ぐに大冒険』（井田仁康監修／PHP研究所）
『世界の国と地域ずかん』（井田仁康監修／ほるぷ出版）
『世界の統計2019』（総務省統計局）
『データブック オブ・ザ・ワールド 2019年版』（二宮書店）
『理科年表2020』（国立天文台／丸善出版）
「われら新世界に参加す」（海外移住資料館企画・編集／JICA）

もっと調べる　世界と日本のつながり⑤

日本と結びつきの強い国ぐに

NDC290

2020年3月31日　第1刷発行　　　　　　　　　48p　29cm×22cm

監　修　井田仁康
発行者　岩崎弘明
発行所　株式会社 岩崎書店　〒112-0005　東京都文京区水道1-9-2
　　　　　　　　電話　03-3813-5526（編集）　03-3812-9131（営業）
　　　　　　　　振替　00170-5-96822
印刷・製本　図書印刷株式会社

©2020　office201　　　　　　Published by IWASAKI Publishing Co.,Ltd. Printed in Japan.
ISBN 978-4-265-08785-3
◎岩崎書店ホームページ　http://www.iwasakishoten.co.jp
◎ご意見、ご感想をお寄せください。　Email　info@iwasakishoten.co.jp
乱丁本、落丁本は小社負担でおとりかえいたします。
本書のコピー、スキャン、デジタル化等の無断複製は著作権法上での例外を除き禁じられています。本書を代行業者等の第三者に依頼してスキャンやデジタル化することは、たとえ個人や家庭内での利用であっても一切認められておりません。

もっと調べる

世界と日本の
つながり

全 **5** 巻

［監修］井田仁康

第 **1** 巻
韓 国

第 **2** 巻
アメリカ

第 **3** 巻
中 国

第 **4** 巻
サウジアラビア

第 **5** 巻
日本と結びつきの強い国ぐに

岩崎書店

キーワードで調べてみよう

このシリーズでは、下のようなさまざまな切り口から
日本と外国のつながりを紹介（しょうかい）しています。

keyword（キーワード）

国

どんな国旗があるかな？
主な都市、通貨、
気候、祝祭日、言葉、
歴史なども見てみよう。

© Irfan Mulla/Shutterstock.com

keyword（キーワード）

宗教（しゅうきょう）

サウジアラビアでは
イスラム教にのっとって
生活するんだ。それぞれの
国の宗教を調べてみよう。

keyword（キーワード）

貿易（ぼうえき）

日本と外国は、たがいに
モノやエネルギーを売ったり
買ったりしているよ。

© Korea Tourism Organization

keyword（キーワード）

食・衣服・くらしの習慣（しゅうかん）

食べ物や民族衣装（いしょう）、
日々の生活は、日本とどんな
ちがいがあるだろう？

keyword（キーワード）

留学生（りゅうがくせい）

外国から日本へ
留学（りゅうがく）している人の話を
聞いてみよう。